로뎀나무 아래 엘리야

성화가 있는 성경 인물 시(詩)선집

로뎀나무 아래 엘리야

서두석 지음

한국문화사

로뎀나무 아래 엘리야

초판 인쇄 2008년 7월 25일
초판 발행 2008년 7월 30일

지 은 이 서 두 석
펴 낸 이 김 진 수
편 집 하 경 민
펴 낸 곳 한국문화사
등 록 1991년 11월 9일 제2-1276호
주 소 서울특별시 성동구 성수1가2동 656-1683번지 두앤캔B/D 502
전 화 (02)464-7708 / 3409-4488
전 송 (02)499-0846
이 메 일 hkm77@korea.com
홈페이지 www.hankookmunhwasa.co.kr

값 8,000원

ISBN 978-89-5726-575-5 03810

들어가는 말

더 늦으면 못할 것 같아 시작했습니다. 우주의 창조자요, 만왕의 왕이신 하나님을 다양한 장르에서 보며 색다르게 표현해 보고자 이 글을 썼습니다. 이 글을 읽어 줄 독자들을 생각하며 썼습니다.

이 글을 읽는 독자들이 주님을 더 많이 사랑하게 되었으면 좋겠습니다. 이 시(詩)를 통해 독자들의 감성과 지성이 더 열리고 신앙과 행실이 더 돈독해 지기를 고대해 봅니다.

이미 다른 저작이 있는지 모르나 본 시선은 성경에서 나오는 실제 인물들과 실제 스토리를 배경으로 썼습니다. 시를 감상하는 것으로 끝나지 않고 시를 통한 깊은 영감과 감동을 받게 될 것입니다. 하나님의 말씀은 언제 어디서나 능력이 있기 때문입니다.

시의 배열 순서는 단조로움을 피하기 위해 성경 차례 순서대로 되어있는 부분도 있고 그렇지 않은 부분도 있습니다.

본시에는 성화가 삽입되어 있습니다. 성화는 미술을 전공한 필자의 아내가 영화를 참조하여 그린 성화입니다. 성화를 통해서도 주님을 깊이 만나고 성경의 인물들을 만나실 수 있으리라 믿습니다.

마지막 부분에는 일반적인 시도 삽입했습니다. 남녀노소가 함께 감상 할 수 있는 시가 될 것입니다.

이 글을 쓸 수 있었던 것은 매 순간마다 역사하시며 지혜를 주신 하나님의 은혜 때문입니다. 그 은혜가 있었기에 기쁨으로 할 수 있었습니다.

마지막으로 이 시선집이 완성되기까지 늘 필자 옆에서 내조와 격려를 아끼지 아니한 아내(희자)와 세 아들(근원, 서원, 해원)에게 감사를 드립니다.

늘 배후에서 기도해 주시는 필자의 모친(김순례 권사)과 장모(조은순 권사)님 그리고 여러 가지 모양으로 힘이 된 필자와 아내의 형제자매들에게 감사를 드립니다.

끝으로 필자가 여기까지 이르도록 기도와 관심과 사랑을 주신 분들과 교우들에게 감사를 드립니다.

2008년 5월
어느 화창한 날에 저자 서두석

차례

01 죽음을 넘어선 에녹

02 로뎀나무 아래서

03 요나단과 다윗의 사랑

04 히스기야의 눈물

05 새싹의 향연(饗宴)

06 오늘을 위한 감사의 기도(祈禱)

07 성화감상

제1부

죽음을 넘어선 에녹

바사 왕비 에스더

아리땁고 미모가 뛰어난 여인
약하게 태어났으나 강한 여인

왕비 간택(揀擇) 하는 날
미색(美色)의 수많은 경쟁자 물리치고
홀로 빼어나
바사 왕 아하수에로 왕비되었네

일찍 부모 죽어 불쌍하게 자랐지만
사촌 오라버니 모르드개 거두어 주니
곱게 자라 바사의 어머니되었네

하만의 모함으로 동족유다 멸절위기(滅絶危機) 당하니
모르드개의 조서 초본 전해 받고

왕이 초대하지 않은 자리
사지(死地)로 나아갔네
사지(死地)로 나아갔네

사흘 동안 금식하고 나아갔네
사흘 동안 금식하고 나아갔네
죽으면 죽으리이다
죽으면 죽으리이다

느헤미야의 고백

바사(페르시아) 왕 아닥사스다의 총애를
한 몸에 받던 술 관원 시절
예루살렘성이 훼파되고
성문이 소화(燒火) 되었다는 소식 들었고
내 마음 갈기갈기 찢어져 성과 함께 무너지고
궁궐 내의 기쁨도 일순간 달아나 버렸다

오직 일념은 고국으로 가 무너진 성을 재건 할 마음뿐
나는 없어지고 훼파된 예루살렘 성과 성문만이
내 마음을 삼켜 버렸다

총독의 자격으로 고국에 돌아와 성벽을 재건하려 애썼지만
산발랏, 도비야, 게셈이 나를 향해 비웃었다.
안으로는 백성들의 지치고 상한 마음을 보듬어야 했고

밖으로는 호시탐탐(虎視眈眈) 방해공작(妨害工作) 해오는
적군의 눈초리 마주하며 파수(把守)해야 했다
동이 틀 때부터 별이 뜰 때까지 창을 잡고 일하며 역사(役事)를 쉬지 않았다

하나님이 싸우시리라
하나님이 이루시리라
기도하며 확신하고 전진했다
고난과 아픔을 딛고 성벽은 오십이일 만에 완공 되었다
하나님이 이루셨다
하나님이 나, 느헤미야를 통해 영광을 나타내셨다

율법학자 에스라

BC586년 바벨론왕 느부갓네살이 예루살렘을 공격하니
그 장엄한 솔로몬 성전 무너져 내리고 백성들은 포로가
되었다

BC538년 바사 왕 고레스가 포로 귀환 허락하니
백성들은 귀환을 서두르고
1차 귀환 BC537년 이루어지고
2차 귀환 BC458년에 이뤄지니
2차 귀환의 지도자 그대는 에스라였다

아하와 강가에서 포로들 무사귀환 위해
하나님께 금식기도하며
스스로 겸비했던 자여
아론의 십 육대손으로 율법학자인 그대가 있었기에
포로 된 자들이 하나님 말씀을 듣고 깨달을 수 있었다

이스라엘과 이방의 통혼 소식에
그대 얼굴 비통함에 달아오르고
속옷과 겉옷 찢어 아픔 달래며
머리털과 수염 뽑아 슬픔 달래니 기가 막힐 뿐이라

동족들의 죄로 인해 하나님 앞에 서는 것조차 부끄러워
감히 얼굴을 들지 못하던 이여
그대의 눈물이 있었기에 백성들의 회복 있었나니
그대의 눈물은 회개의 도화선(導火線)이요
백성을 살리는 양약(良藥)이라

인간의 조상 아담

한 줌 흙으로
太古의 신비로움을 지닌 육체
코에 생기 불어 넣으니
근육이며 힘줄에 생기가 흘러넘쳐
산자가 되다

예술가 하나님 그대조각 이어 가나니
올록볼록 잘도 생겼다

눈과 귀 그리고 입과 코
어느 것 하나 모자람이 없다
좌우대칭(左右對稱)이며 상하균형(上下均衡)이 조화를 넘
어 신묘(神妙)하다

아담
그대는 인간의 시조(始祖)
그대는 인간의 조상(祖上)
하나님의 친구
창조물 중 최고의 걸작(傑作)

산자의 어미 하와

그대 이름은 모든 산자의 어미
그리고 생명
어느 날 뱀이 그대에게 속삭였다
하나님이 금한 선악을 알게 하는 나무의 실과를 먹으라고

먹으면
먹기만 하는 날에는
눈이 밝아진다고 거짓을 알려 주었다
뱀의 말 듣고 나무실과를 보니 먹음직하였고
보암직하였고 탐스럽기까지 하였다
그대도 먹고 남편도 먹었다

하나님이 금하신 과실을 먹자
깜짝 놀랄 일 일어났다

눈이 밝아져 벗은 줄을 알았다
부끄러움을 알게 되었다

뱀의 거짓을 알았지만 때는 늦었다
너무 부끄러워 허겁지겁 무화과 나뭇잎으로
치마를 만들어 입었다

너무 두려워 동산 나무 사이에 숨고 말았다
숨어 있는 그대들을 보며 하나님은 찾으시고 부르셨다
죄를 물으시고 형벌을 선고 하셨다
하지만 가죽옷, 사랑의 옷도 지어 입혀 주셨다

그대 이름은 산자의 어미
뱀의 간사한 속삭임에 넘어간 자
해산의 고통과 온갖 형벌을 몰고 온 자라네

가인과 아벨

내 이름은 가인
내 아우는 아벨
우리는 형제
아담과 하와의 아들

나는 농사 하는 자
내 동생은 양을 치는 자

어느 날 나와 아우가 하나님께 제사를 올렸는데
나는 땅의 소산
아우는 양의 첫 새끼와 그 기름이라

하지만 하나님은 나의 제물은 열납치 않고
아우의 제물만 열납하시어

솟아오르는 분을 참지 못했네
혈기에 사로 잡혀 안색이 변했네

끓어오르는 분노에 내 마음 빼앗겨
아우를 죽이려고 호시탐탐(虎視眈眈) 노리다가
들에 있을 때 내 아우 쳐 죽이고 말았네

내 이름은 가인
내 아우는 아벨
나는 아우를 죽인 최초의 살인자
땅에서 유리하는 방랑자

죽음을 넘어선 에녹

죽음의 그림자 내게서 멀리 떠나고
나는 하나님과 함께 있었네
이 땅에서도
떠나서도
언제나 하나님과 함께였다네

경에 이르기를
삼백년 동안 하나님과 동행한자라 기록하니
나는 과분한 사람
나는 행복한 사람

믿음이 없이는 하나님과 동행못하네
믿음으로 오직 믿음으로 하나님과 동행하네
삼백 육십 오년 이 땅 위에 살다

나는 죽음을 보지 않고 올리워졌네
하나님이 나를 데리고 가셨네
저 천국 하나님 계신곳으로

나는 믿음으로 산 사람
나는 행복한 사람
죽음을 넘어선 사람

방주를 지은 노아

인간의 타락으로
하나님 노하시고
지체 할 수 없는 하나님의 심판 작정되니
일백 이십년 세월 방주 짓기에 여념(餘念)이 없네

사람들은 나를 이해하지 못해도
나는 하나님을 믿네
방주를 지어야하네

하나님이 일러 주신대로
잣나무로 짓고 간들을 막고 역청을 칠하고
장은 삼백규빗 광은 오십규빗 고는 삼십규빗으로 했네

방주가 완성되고 하나님 이르신대로

방주 안에는 아내와 아들들과 자부들이 들어갔네
혈육 있는 짐승도 방주로 들어갔네

암수 한 쌍씩
육축도 들짐승도 새들도 모두 들어갔네
하나님이 명하신대로

내 나이 육백 세 되던 이월 십칠일에
땅에서는 깊음의 샘들이 터졌고 하늘에선 창들이 열렸네
밤낮 사십일 동안이나 비가 내려 물이 창일(漲溢) 하니
모든 생명체는 다 죽고 말았네
나와 아내 그리고 세 아들 셈, 함, 야벳과 자부들만
생명을 구했네

내가 믿는 하나님은 심판자
두렵고 떨림으로 경외하세

내가 섬기는 하나님은 언약을 지키시는 분
믿고 순종하여 구원을 이루세

믿음의 조상 아브라함

본토 친척 아비 집을 떠나라 하시는 하나님 음성
청천벽력(靑天霹靂)같은 말씀이었네
나는 그 말씀 외면 할 수 없었네

갈 바를 알지 못했으나 나는 떠났네
하나님의 말씀 따라 무조건 순종했네
내 나이 75세였네

후사도 없는 나에게 어느 날 천사 찾아와
내년 이맘 때에 아들이 있을 것이라 약속 했네

약속한 기한 이르고 아내 사라가 아들 낳으니
그 때 내 나이 백세나 되었네

아내 사라에게는 이미 경수도 끊어진터
아이 갖는 일 웃음으로 넘겼지만
하나님은 그 약속 지키셨네

태어난 그 아이 이삭이라 이름지었네
아이가 자라 소년이 되었을 무렵
하나님 나에게 말씀 하셨네
그 아이를 바치라고
형용할 수 없는 슬픔 나에게 임했지만 거절할 수 없었네
하나님 주셨기에

아내도 모르게 하나님이 지시하신 산에
사랑하는 아들과 함께 떠났네
삼일 길이었네
수없는 번민 있었지만 나는 갈길 재촉했네

산에 도착하여 함께 갔던 사환 물리치고
아들의 등에 나무 지우고 나는 불과 칼을 가지고
하나님께 나아갔네

가는 길에서 사랑하는 아들 내게 물었네
아버지, 불과 나무는 있거니와

번제할 어린양은 어디에 있습니까?
그 말을 들은 내 마음 천 갈래 만 갈래 찢어지고 말았네
간담이 다 녹고 나는 할 말을 잊었네
아들아 번제할 어린양은 하나님이 친히 준비 하신단다

이윽고 하나님 지시하신 곳에 이르고
나는 번 제단을 쌓고 그 위에 나무를 벌여 놓았네
그 위에 사랑하는 아들 묶여있네

칼을 들어 아들을 내려치려는 순간
여호와의 사자가 황급히 나를 부르셨네
아브라함아 아브라함아 그 아이에게 손 대지마라
네 아들 독자라도 아끼지 아니하였으니
네가 나를 경외하는 줄을 아노라

하나님은 수양을 예비 해 두셨고
나는 그 양으로 하나님께 번제 드렸네
여호와 이레
여호와 이레

순종의 아들 이삭

손발 묶여도
그대는 항변하지 않았다

손에 칼을 들고 내려치는 순간에도
그대는 일어나지 않았다

얼마나 두렵고 무서웠을까
그대는 죽음 앞에서도 내색하지 않았다

아버지의 뜻에 온전히
그대는 죽기까지 순종했다

그대는 장차오실 예수님의 그림자
성부 하나님의 뜻을 끝까지 순종한 성자 예수님의 표상
그대는 이삭, 순종의 대장부여라

제2부

로뎀나무 아래서

얍복나루의 야곱

홀로남아
얍복 나루에서 천사와 씨름하다
환도 뼈 부러지고

참을 수 없는 아픔 있어도 포기하지 않았다
날이 새려하자 떠나려는 천사 붙들고 애원했다
축복이요
축복주세요

축복 아니면 절대로 보내 드리지 않겠다고
매달리며 부르짖었던 야곱
하나님과 겨루어 이긴 자

그는 이스라엘

그곳은 브니엘
하나님의 얼굴
하나님을 대면하여 보았던 곳

쌍둥이로 태어날 때
형의 발꿈치 잡고 나오던 그 고집으로
울며불며 기도했던 곳

기도로 힘을 얻고 형에게 나아가니
그동안 소원한 것
적대감
증오 눈 녹듯 사라지고
형제애만 남았네

형제는 얼싸안고 울었네
얍복 강가에서
용서와 화해의 눈물
강이 되어 흐르네

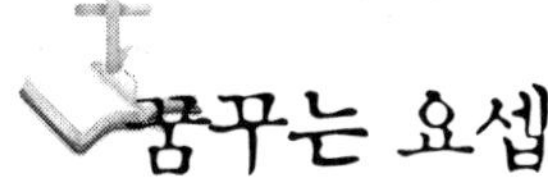

꿈꾸는 요셉

야곱은 노년에 얻은 아들이기에 사랑했고
형제들은 미워했다

어느 날 꿈을 꾸고
꿈 이야기 했다
우리가 밭에서 곡식 단을 묶더니 내 단은 일어서고
형들의 단은 둘러서서 절 하더이다

형들의 미움을 사 구덩이에 빠지고
이스마엘 상고들은 은 이십에 그대를 사고
바로의 신하 시위대장 보디발에게 당신을 팔았다

팔려가고 또 팔려가는 가련한 신세
하지만 여호와께서 함께 계셔 형통했다

보디발의 아내의 농간에도 그대 정절지켰으나
모함으로 옥에 갇히다

하나님의 은혜는 옥에까지 따라 들어와 함께 누웠다
옥에서도 꿈을 꾸었다
꿈을 통한 하나님의 인도하심

삼십 세의 나이로
애굽 총리에 오르니
영광 영광
꿈을 통한 하나님 영광
하나님 영광일세

모세의 어머니 요게벳

사내아이 태어나면 죽이라는 애굽 왕의 명령 선포된 때
한 아기 태어났네
그는 히브리인
죽어 마땅한 자

아이의 부모는 아이에게서 준수함 보았네
죽음을 각오하고 석 달이나 길렀네

더 기를 수 없는 아픔에
갈 상자 만들고
역청과 나무진을 칠하고
아이를 담아 하 숫가 갈대 사이에 가져다놓았네

어린생명 나일강가에서

깨진 조각배처럼 떠다닐 때

바로의 딸 목욕하러 왔네
공주의 눈에 띠어 아기생명 건짐받았네

그 이름은 모세
물에서 건짐 받은 자

한 점의 틈도 없는
하나님의 계획
신기하고 놀라워라

모세의 형 아론

그대 이름은 모세의 입
그대 입술 있기에
모세가 힘을 얻었고
애굽에서 이스라엘을 건질 수 있었노라

그러나 당신은
모세가 십계명을 받으러 시내 산에 올라갔을 때
백성들과 함께 금송아지 우상을 만들었다

조금만 참았으면 좋았을 것을
조금만 견뎠으면 기쁨이 넘쳤을 것을
조금을 못 참았기에 레위사람들에 의해
동족들은 삼천이나 죽음을 당하였다

그대와 이스라엘의 범죄로 인해
모세는 번민 했노라
그대와 이스라엘의 어리석음을 인해
모세는 하나님께 간절히 간구했노라

백성의 죄를 사해 달라고!
백성의 씻을 수 없는 죄악을 용서해 달라고!
그렇지 않으면 하나님의 기록 하신 책에서
자신의 이름을 지워 달라고
처절하게 기도 했노라

그대는 모세의 형
이스라엘의 최초의 대제사장

그대 83세에 모세의 대변자로 부름받아
광야의 모진 세월 경험했고

123세 호르 산에서 죽기까지
영욕의 세월 이스라엘과 함께 보냈다

그대는 모세의 형 아론
모세의 동역 자
이스라엘의 대 제사장

눈의 아들 여호수아

바란 광야 가데스에서
가나안 땅 정탐하고 돌아와 모든 사람 악평했지만
그는 말했네
가나안 땅을 하나님이 주셨다고

절망의 소식 듣고
백성들 슬피 울며 통곡할 때
그와 갈렙은 백성을 안돈시켰네

그들은 우리의 밥이라고
두려워 하지 말라고
그 땅은 아름다운 땅이라고
하나님이 우리 보호자라고

악평한자와 이십 세 이상된자
그들은 광야에서 사십년이나 유리하다 죽었지만
그와 갈렙은 가나안 땅 들어갔네
그는 순종의 사람
그는 모세의 후계자

아말렉 전투에서 싸움의 최전방에서 싸울 때에도
그는 원망하지 않았네
하나님이 함께 하시는 것을 믿었기에

그는 백성들을 이끌고 요단 건너갔네
그 곳은 하나님 약속하신 땅
젖과 꿀이 흐르는 곳이네

효부 룻

어머니의 백성이 나의 백성이 되고
어머니의 하나님이 나의 하나님이 될 것이라

어머니가 죽으시는 곳에서 나도 죽어
장사 될 것이라

남편 죽어 떠나라는 시어미에게
떠나지 않겠다고
어머니와 함께 살겠다고
영원히 함께 하자고
고백한 자여

그대는 효부 룻
그대의 이름은 여인 중에 빛나네

그대의 효심을 주님이 알았기에
다윗의 조상 되었고
예수님의 조상 되었네

그대는 시어미 따른 자부
아리땁고도 귀한 이름 룻이라네

갈멜산의 엘리야

그대는 불의 선지자
갈멜산
갈멜산에서
바알과 아세라 선지자 팔백 오십인
그대앞에 무릎꿇었네

그대 홀로 있었지만
하나님 그 곳에 함께하였네

여호와의 불 내려와
나무도 돌도
도랑의 물과 흙도 태우고
핥아버렸네

하나님은 엘리야의 편
여호와는 전능하신 주
아무도 대적할 수 없는 크고 놀라우신
살아계신 하나님

엘리야의 기도를 응답해 주신 하나님은
살아계신 하나님
영원하신 하나님
능력의 하나님

갑절의 영감 받은 엘리사

나는 선지 엘리야의 제자
스승 엘리야에게 갑절의 영감구했네

하나님 우리 선생 부르시네
벧엘로 여리고로 요단으로 보내시려 부르시네
나는 선생의 모습 놓칠 수 없네

선생 가는 곳에 나도 가네
선생 모습 있는 곳에 내 몸 있네
선생은 여기 머물라 하시나
나는 포기 할 수 없네

불 수레와 불 말들이 선생과 나
둘 사이를 갈라놓을 때 까지

나는 떠날 수 없네

선생의 능력을 받기까지
나는 선생 떠나지 않을 것 일세

엘리야의 하나님이
그 능력 주실 때까지
엘리야의 하나님이
영감 주실 때까지

나는 구 했네 갑절의 영감
우리 선생 회리 바람타고 승천하네

나는 보았네
선생 모습 보이지 않을 때 까지
정녕 선생은 하나님께로 가셨네

나는 받았네
갑절의 영감

선생 엘리야의 몸에서 떨어진 겉옷 가지고
요단을 쳐 강을 갈랐네

물이 이리저리 흩어지네

엘리야의 하나님은 엘리사의 하나님
엘리사의 하나님은 살아계신 하나님
갑절의 영감을 주시는 전능하신 하나님

나귀 턱뼈로 일 천명 죽인 삼손

마노아의 아들이여
나실 인이여

그대는
머리에 삭도를 대지 말았어야 했다

당신의 힘을 당할 자 누구인가
당신의 적수 아무도 없네

불레셋 사람들아
상대할 자 있으면 나와 보라!
그 괴력 앞에 불레셋이 떨고 있네

당신의 힘의 비밀

아무도 모르네
하나님과 그대만아네

나귀의 턱뼈로 일 천명을 죽인자여
들릴라의 유혹에만 빠지지 않았더라면 좋았을 것을

여인의 미색에 눈이 멀어
그 힘의 비밀 발설하고 말았네

머리에 삭도 대지 말아야 할 것을
꼬임에 빠져 머리털 밀렸네

태산 같은 힘
아하! 잃어버린 삼손이여!
슬프다! 삼손의 영광이여!

두눈 뽑히고 놋줄에 묶여
옥중에서 멧 돌 돌리는 노예되었네

어리석은 장사여 그 힘은 어디가고
외투만 남았는가?

가엾어라!
힘없는 장사여
미혹에 빠진 자여

나실 인이여
이스라엘의 사사여

머리털 자라고 여호와께서
긍휼 베푸사 불레셋에게 원수를 갚은 자여
처음부터 말씀대로만 행했더라면 좋았을 것을

마지막 그대 죽을 때
불레셋 모든 방백과
구경꾼 삼천과 함께 죽었지만
생명이 아쉽고 아쉽네

마노아의 아들이여
힘있는 용사여
괴력의 사나이여

로뎀나무 아래 엘리야

이세벨이 엘리야의 생명을 찾네
엘리야가 두려워 도망했네
생명 찾아 브엘세바로 향했네
거기에 사환 머물러 두고
광야로 들어가 하룻길을 걸었네
한 로뎀나무 아래 앉아 죽기를 구했네

여호와여! 지금 내 생명을 취하소서
나는 내 열조보다 못하니이다
천하의 능력자
엘리야 선지의 고백이라네

로뎀나무 아래서 엘리야는 잠이 들었네
천사가 나타나 어루만지네

일어나서 먹으라 하시네

머리맡에는 숯불에 구운 떡 있네
한 병 물도 있네
먹고 마시고 다시 누웠네

여호와의 사자 다시 나타나 어루만지네
깨우며 먹으라 하시네
길에서 기진할까 염려되니
먹으라 하시네

일어나 그 식물을 먹고 힘을 얻었네
그 힘 놀랍고 놀랍네
솟아나는 힘 의지하여
사십주 사십야를 걸었네
하나님의 산 호렙에 이르렀다네

하나님이 주신 양식으로
엘리야가 회복 되었네
연약에 빠진 엘리야
하나님의 양식으로 소성했네

자비의 하나님
그 은혜로 회복되었네
사랑의 하나님
그 은혜로 회복되었네

제3부

요나단과 다윗의 사랑

이스라엘 초대 왕 사울

소년 다윗과 블레셋의 장수 골리앗

부름받은 사무엘

용맹스런 갈렙

아간의 범죄

강퍅한 애굽 왕 바로

양치기 소년 다윗

요나단과 다윗의 사랑

하나님의 마음에 합한 다윗

솔로몬과 여인들

이스라엘 초대 왕 사울

베냐민 지파 기스의 아들 사울
외모가 준수하고 키가 월등하네

사무엘이 그를 이스라엘의 지도자로 지목하니
사울이 대답했네

나는 이스라엘 지파 중 가장 작은 지파 베냐민 사람이라고
자신의 가족은 베냐민 지파 중에서 가장 작다고
자신은 가족 중에서 가장 미약하다고
겸손하게 고백했네

하지만 왕이 된 사울 변질되고 말았네
오만 불손하게 되었네
제사장만 행하는 번제와 화목제마저 드리는 망령도 행했네

사무엘이 책망하였네
여호와의 명령을 어긴 죄로
왕의나라가 오래가지 못한다고

이후에
아말렉을 치라는 말씀
사무엘을 통하여 받았네
아말렉에 속한 모든 소유 진멸하라고 했네
남녀 소아 젖먹이까지
우양이며 약대 나귀까지 다 죽이라 명했네

하지만
사울은 명령을 거역하고
좋은 것 살려 두고 변명하네
여호와께 제사하려 했다고

하나님은 사울의 왕 삼으신 것을 후회한다하시네
순종이 제사보다 낫다하시네
하나님 청종이 제일이라 말씀하시네

소년 다윗과 불레셋의 장수 골리앗

불레셋의 장수 나와서 싸움을 돋운다
그 이름은 골리앗
가드사람이라

머리에는 놋투구
몸에는 어린갑
갑옷의 무게만도 놋 오천 세겔

다리에는 놋 경갑
어깨사이에는 놋 단창

창 자루는 베틀 채 같고
창날은 철 육백 세겔
키는 여섯 규빗 한 뼘

그 거대함이 이스라엘을 향해 외친다
너희 중에 한사람을 택하여 보내라 소리 지른다
자신과 싸우자 호령한다

이 외침에 대적할 자 아무도 없네
사울과 이스라엘 사람들 떨고 있네

부친의 심부름으로 전장에 갔던 소년 이 광경보고
왕의 허락받아 그 전장에 나갔네

주의이름 그 능력 있기에
그 능력 믿고 나갔네

시내에서 매끄러운 돌 다섯을 주어 목자의 제구에 넣고
손에 물매를 가지고 나갔네
불레셋 장수와 마주 섰네

불레셋 사람 외치네
네가 나를 개로 여기고 막대기 가지고 나왔느냐고
저주하며 외치네
잡아서 공중의 새와 들짐승의 밥으로 주겠다하네

소년 다윗 기죽지 않네
떨지도 않네
힘을 다해 외치네

너는 창과 단창으로 내게 오거니와
나는 만군의 여호와의 이름으로 가노라
이스라엘 군대의 하나님의 이름으로 가노라

하나님이 승리케 하실 줄 믿고 나가네
전쟁은 하나님께 속한 줄 알고 나가네

불레셋의 장수 싸우러 마주오네
가까이 다가오네
더 가까이오네
빨리 달리네

기회를 놓칠세라 소년 다윗 손을 주머니에 넣고
돌을 취하네
물매로 던지네
그 돌 날아가네
더 힘 있게가네

불레셋 사람을 표적삼아가네
불레셋의 장수 이마에 명중되었네

얼마나 강하였던가!
물매로 던진 돌 이마에 박혀버렸네
불레셋의 장수 쓰러지네
일어나지 못했네

다윗이 달려가 그 장수의 칼을 빼어 목을 베니
불레셋 사람들 도망하네
용사의 죽음보고 두려워 떠네

소년 다윗은 큰 용사
하나님의 이름으로 무장한 용사
천하무적 대 장군이라네
소년의 가는 길에는 창도 칼도 두렵지않네
하나님이 계시니 두렵지않네

만군의 여호와께서는 소년 다윗의 편이시네
만군의 여호와께서는 소년 다윗의 편이시네

부름 받는 사무엘

어린 사무엘 세마포 에봇입고
여호와를 섬길 때
아직은 여호와를 알지 못하나
여호와께서 부르시네

제사장 엘리가 부르는 줄 알고
사무엘은 대답했네
내가 여기 있나이다
하지만 엘리가 부른 것 아니었다네

다시 누워 있을 때
또 다시 부르시네
어린 사무엘 엘리에게 갔네
역시 아니네

엘리의 음성 아니었다네

여호와께서 세 번째 부르시네
이번에도 엘리에게 갔네
여전히 아니네
엘리가 아니네

이제야 알았네
여호와께서 부르셨다는 것을
여호와여 말씀 하옵소서
종이 듣겠나이다
엘리가 알려 준대로
사무엘 대답했네

여호와께서 놀라운 말씀주셨네
엘리 집이 멸망당한다고
아들들의 죄를 막지 못한 죄의 결과라네
여호와는 죄를 물으시는 하나님이시네

용맹스런 갈렙

사십 세에
가나안 땅 정탐하고
성실하게 보고했지만

모두가 원망
모두가 불평
그럼에도 그대는 온전한 순종했다

여호와를 따르던 세월
사십 오년 더 흐르고
갈렙의 나이 팔십오세

다른 이는 죽었으나 그대는 살아서
건재함을 과시했네

이 산지를 내게 주소서
오늘 날도 여전히 강건하오
싸움도 출입도 할 수 있소
담대히 여호수아에게 말했네

여호와께서 함께 하시면
필경 산지를 취할 줄 갈렙은 믿었네
갈렙은 약속대로 헤브론을 기업으로 취했네

용맹스런 갈렙이여
여호와를 온전히 좇은 사람이라네

아간의 범죄

이스라엘 여리고 전투에서 승리했네
하나님의 은혜라네

연이어 있는 싸움
아이 성 전투에서 패했네

이유를 알아보니
아간의 범죄 때문이였네

여리고성에서 얻은 물건 탐이 난 아간
그 물건 땅속에 감추었네

시날 산의 아름다운 외투 한 벌
은 이백 세겔과 오십 세겔 중 금덩이 하나였네

물욕에 눈이 어두워
여호수아 명을 거역했네

그 물건 구별하여 여호와의 곳간에 들여야 마땅할 것을
탐이 나서 취한 연고라네

아간의 범죄로 인해
이스라엘 패했네

아간이 잡히고
그가 숨긴 외투며 은이며 금덩이
그리고 그의 아들과 딸들
소와 나귀와 양들

그의 속한 모든 것
돌로 치고 불살랐네

그 곳은 아골 골짜기
돌무더기 쌓은 곳
여호와의 분노가 있다가 사라진 곳
괴로움의 골짜기라네

강퍅한 애굽왕 바로

나는 바로
애굽의 강퍅한 왕이라네

하나님이 모세를 보내어 하게 하신 말
나는 무시하고 거스렸네

그러다가 하나님의 진노를 당했네
거역의 댓가를 지불받았네

그래도 깨닫지 못하고
애굽의 술객들과 박사들로 흉내만 내고 있었네

나는 어리석은 사람
하나님과 원수를 맺은 자

고집을 피우다
피 재앙 받았고

고집을 피우다
개구리 재앙 받았고

고집을 피우다
이 재앙 받았고

고집을 피우다
파리 재앙도 받은 자 라네

그래도 깨닫지 못하고
하나님께 반항하다 악질 재앙 만났고

또 고집을 피우다
독종재앙 만났다네

다시 고집 피우다
우박재앙 당했고

무시하다가

메뚜기 재앙도 당했다네

교만하다가
흑암재앙 만나 헤매었고
최후로 장자의 죽음도 당했네

나는 강퍅한 애굽왕 바로
어리석고 교만한 왕이라네

양치기 소년 다윗

이새의 여덟 번째 아들
양치기 소년이라네

여호와의 명령따라 베들레헴 간 사무엘
이새의 다른 아들에게 마음 빼앗겼네
엘리압
아비나납
삼마

일곱번째 아들까지 다 지나도
여호와께서 아니라하네
조급해진 사무엘 이새에게 묻네
그대의 아들이 다 여기 있느냐고!

이새가 대답했네
말째는 양을 지키는 중이라고!

말째를 오라하네
말째를 오라하네
말째가 왔네
말째가 왔어

그 눈이 빼어나네
얼굴이 아름답네
여호와께서 말씀하시네
바로 그 소년이라고
그 소년에게 기름을 부으라고 말씀하시네

사무엘 기름 뿔을 취하여
다윗에게 기름 부었네
양치기 소년에게 부었다네
다윗은 기름부음 받은 양치기 소년이라네

여호와의 신에 감동 되었네
여호와는 보지 않으셨네
용모와 신장

여호와는 보시네
사람의 중심

중심을 보신 여호와께서
다윗을 선택 하셨다네
여호와는 사람과 다르시네
사람의 깊은 것도 통달하여 아신다네

요나단과 다윗의 사랑

요나단과 다윗의 사랑
아름답게 꽃피어
진한 향기 토하고

그 사랑 깊고도 깊어
측량할 수 없도다

끝내 헤어지지 말자고 맹약한
연인들의 사랑과도 비교할 수 없도다

요나단의 부친도
그 사랑 막을 수 없었고
설사 죽음이 둘을 갈라놓아도
그 사랑을 나눌 수는 없으리라

바람이 시기하고 태양이 질투하나
둘은 생명처럼 서로를 사랑했다

그 사랑 순수하고 진실하다
그 사랑 변함없고 숭고하다

만대에 전파될 우정이여
천길 바다 속 보다 깊은 우정이여

우정에 지나 너무 깊은 사랑이여
어머니가 자녀사랑 하는 것 보다 승 하도다

하나님이 맺어주신 사랑이기에
주의 뜻 이루는 날까지 변함없어라

깊고 강한 폭풍 그 사랑 막을 수 없네
아름답고 폭넓은 사랑 지울 수 없네

요나단과 다윗의 사랑이여
요나단과 다윗의 우정이여

하나님의 뜻 이룰 때까지

영원히 변치않을 사랑이여
영원히 변치않을 우정이여

세월가도 잊지 못할
요나단과 다윗의 사랑일세
요나단과 다윗의 우정일세

하나님의 섭리 이룰 때까지
그 사랑 영원하여라
그 우정 영원하여라

하나님의 마음에 합한 자 다윗

다윗은 하나님의 사람
하나님의 마음에 합 한자

죄를 지적한 나단 선지자의 말씀
하나님 전하시는 그 말씀이네
폭탄처럼 날아가 다윗의 가슴에 꽂혔네

다윗의 눈물은 밤새 시내를 이루고
다윗은 눈물의 강에 빠져 버렸네

죄는 칼을 부르는 것
죄는 화를 부르는 것
죄는 동일한 보복을 불러 오는 것
죄는 사람의 훼방거리 되는 것

다윗의 아이 태어났으나 죽고 말았다
슬프다! 죄의 망령이여
애통하다! 죄의 서글픔이여

이렇게 아픈 것을 알았더면
범죄치 말 것을

이렇게 괴로운 줄 알았더라면
죄에게서 도망하고 피했을 것을
아! 죄의 무서운 사슬이여
아! 죄의 무거운 번뇌여

내 곁에서 떠나라
떠나가거라

이제 하나님께 눈물로 회개하리라
여인을 범한 죄와 수치를

눈물로 자백하리라
죄의 부끄러운 손놀림이여
혀의 달콤한 입맞춤이여

다윗은 하나님께 합한 사람
죄악으로 인한 눈물과 애통
하나님께 상달 되었네

솔로몬과 여인들

솔로몬의 명성 올라가니
여인들에게 마음 빼앗겼네

바로의 딸
모압여인
암몬여인
에돔과 시돈 그리고 헷여인
그들은 솔로몬을 훔쳤다

일찍이 하나님께서
저들과 통혼하지 말라 경고 했건만
연애의 기쁨이
그 눈을 흐리게 했다

후비가 칠백
빈장이 삼백
수 없이 많은
여인들이 솔로몬의 마음을 뒤흔드니
혼미하여 바로보지 못하네

솔로몬 나이 늙어지니
여인들이 다른 신을 섬기네
솔로몬이 늙어지니
솔로몬의 마음 돌이켜 정도로 못 가게 하네

솔로몬과 여인들
이방 신 섬기네
눈이 가리워 보지 못하네

시돈사람의 여신 아스다롯
암몬사람의 신 밀곰을 좇아가네

여인들
이방신에게 분향하며 제사하네

여인들이여

어찌하여 솔로몬의 지혜를 어둡게 하는고

솔로몬이여
어찌 그리 하나님을 떠나 여인들에 빠져있는고

속히 나오라
우상에게서 나오라
이방여인에게서 나오라
지혜와 총명이 어두워진 솔로몬이여

제4부

히스기야의 눈물

인내의 사람 욥

우스 땅에 욥이라는 사람있네
그는 순전하고 정직한 자라네
하나님을 경외하며 악에서 떠난자라네

그 소생은 남자가 일곱이요 여자가 셋이라네
그 소유물은 양이 칠천이요 약대가 삼천이나된다네
소가 오백겨리나 되고 암나귀가 오백이며 종도많다네

자녀들도 피차 사이가 좋아
서로 초청하며 생일날 마다 잔치한다네

욥은 염려하네
자녀들이 하나님께 범죄나 하지 않을까
자녀의 수대로 번제를 드리네

자녀들을 불러다가 성결케 하네

어느 날 사단이 욥을 시험하네
욥에게서 그 소유물 거두시면
주를 배반할 것이라 하네

욥에게 고난닥쳤네
아뢰는 자의 말이 끝나지도 않아서
욥에게 고난이 꼬리를 물고 찾아오네

소는 밭을 갈고 나귀는 그 곁에서 풀을 먹는데
스바 사람들이 갑자기 와서 그것들을 빼앗아 가고
종을 죽였다하네

또 한사람이 와서 말하네
하나님의 불이 하늘에서 내려와 양과 종을 살랐다하네

또 한사람이 와서 갈대아 사람들이 세 떼로 갑자기
달려들어 약대를 빼앗으며 칼로 종을 죽였다하네

또 한사람이 오네
자녀들이 맏형의 집에서 식물을 먹고 포도주 마시며

흥에 겨워 있을 때
대풍이 와서
집 네 모퉁이쳤다하네
집이 무너져 자녀 모두가 다 죽었다하네

욥에게 불어 닥친 고난의 회오리일세
잔잔했던 욥의 안식처에 풍랑이 일어났네

욥에게 찾아온 슬픔과 고통
극하여 견딜 수 없네

괴로움으로
겉옷을 찢고 머리털도 밀어 보지만
그 때 뿐이네

깊고 깊은 슬픔의 심연에서 욥은 엎드렸네
천길 만길 깊은 수렁의 허우적거림 속에서
욥은 하나님께 경배하기 위해 엎드렸다네

내가 모태에서 적신이 나왔은즉
적신이 그리로 돌아 가올지라
주신자도 여호와시오

취하신자도 여호와시라
여호와의 이름이 찬송을 받으소서

욥은 여호와를 향해 원망하지 않고 찬송했다네
범죄 하지 않고 불평도 않았다네

그의 몸 발바닥에서 정수리까지 악창이 나고
사랑하던 아내마저 하나님을 욕하고 죽으라해도
욥은 입술로 범죄치 않았네

욥은 인내의 사람
욥은 순전한 사람

욥은 하나님께 달련 받았다네
그로인해 정금 같이 나온다네

욥의 모년에 복을 받네
두배나 받네
하나님 원망치 않은 결과라네

하나님께 감사한 결과라네
끝까지 믿음 지킨 결과라네

욥은 승리자
절망과 고난에서 이긴 자

욥은 동방사람 중에 가장 큰 자
환난 시험 이기고 정복한 자

욥은 최고의 인내 자
친구들의 변론과 술수에도
넘어지지 않았고 굳건하게 선자라네

욥이여 그대 승리 영원하여라
욥이여 그대의 인내 빛나고 빛나라
영원히
영원히
후세대가 그대를 널리 널리 알 때까지

메시야를 예언한 이사야

웃시야의 죽던 해 BC740년경
선지자로 부름 받고
순교의 제물되기까지
메시야을 외치고 고백하던 자여

요담
아하스
히스기야 왕 때까지
이스라엘의 죄악을 애통해 하며 부르짖던 자여
소는 그 임자를 알고 나귀는 주인의 구유를 알건마는
이스라엘은 모른다고
깨닫지 못한다고 탄식하던 자여

그대 외침 있기에 이스라엘이 하나님의 음성을 듣네

메시야 예언하기를
이새의 줄기에서 한 싹이 나온다하네
연한 순 같고 마른 땅에서 나온 줄기 같아서 고운모양도
풍채도 없다하네

메시야 오셔서
우리의 질고를 지고 슬픔을 당한다하네
그가 찔림은 우리의 허물을 인함이요
그가 상함은 우리의 죄악 때문이라네

그가 징계를 받음으로 평화를 누리고
채찍에 맞음으로 나음을 입었다하네

세계 만방에 오실 메시야 외쳤네
나의 죄
우리의 죄 사하시려 메시야 오신다하네

이스라엘이여 메시야를 고대하라
세계 만민이여 메시야를 바라보라
누구든지
메시야를 바라보는 자
생명을 누리게 되네

외쳐 전하세
오실 메시야

영광의 주님
만방에 널리 전하세

이사야의 예언은
우리의 가슴속에 타오르는 불길
시대를 아우르는 외침

밧세바를 범한 다윗

왕궁 지붕 위를 거닐 고 있네
거닐 다 아리따운 여인 목욕하는 것 보았네
그 모습에 발길 멈추어 서고 말았네

미색에 눈이 어두워졌네
사람을 보내 알아보라하네

우리야의 아내 밧세바라하네
그 여인을 불러서 동침하고 말았네
다윗과 여인 사랑에 빠져버렸네

여인이 다윗의 아이
잉태 하였네

전쟁 중이네
지금은 전쟁 중이네
다윗의 신복들 암몬과 대치중이네
밧세바의 남편도 싸움중에 있네

다윗 정욕에 눈이 어두워 전장에 나간 우리야를 부르네
자신의 죄 숨기려 하네

밧세바와 동침시켜
자신의 죄 은폐하려 하네
하지만 우리야는 충성스런 용사
집으로 가지않네

우리야를 속일 수 없네
우리야를 전장에 다시 보네 싸우게 하네
맹렬한 싸움에 우리야를 앞세우네 죽음으로

우리야를 죽게 하는 계획 들어 맞았네
다윗은 정욕에 어두워졌네

하나님을 의지하지 않으면 정욕에 빠지네
그 누구도 마찬가지네
사람은 연약한 존재라네

솔로몬의 기도

기브온에 올라가 그 단에
일천번제 드리고

그 밤 꿈속에서
여호와 하나님 만났네

여호와 하나님 말씀하시네
너에게 무엇을 줄꼬

구하라 하시네
주신다 하시네

솔로몬 말했네
나는 작은아이라고

출입 할줄도 모른다하네
백성은 많고 자신은 부족하니
맡겨주신 백성
감당할 수 없다네

하나님께 구 했네
지혜로운 마음을 달라하였네
주의 백성 재판 할 수 있도록
선악의 분별할 수 있도록

솔로몬의 기도 하나님께 맞았네
그 기도 하나님께 기쁨드렸네
부도 수도 구하지 아니하고
지혜를 구하니 솔로몬은 지혜 자
하나님 지혜 주시니 솔로몬은 지혜의 왕
하나님 명철 주시니 솔로몬은 명철의 왕

그 소문 듣고 스바 여왕 찾아왔네
그 소문 듣고 온 세상 놀라네

솔로몬 그 지혜로 세상을 논 하네
잠언을 삼천이나 말하고

노래를 일천 다섯이나 지어 부르네

그 지혜로 초목을 논 했네
레바논 백향목으로 부터
담에 나는 우슬초까지

그 지혜로 생물을 논 했네
짐승과 새와 기어 다니는 것까지
솔로몬은 지혜의왕
솔로몬은 명철의왕

히스기야의 눈물

아모스의 아들 선지자 이사야가 말하기를
히스기야가 병들어 죽는다하네
소망 없이 되었으니 집을 처치하라고
살지 못하게 되었으니 모든 것을 정리하라하네
이것이 여호와의 말씀이라 하시네

소식을 들은 히스기야
낯을 벽으로 향하여 기도하네
여호와께 기도하네
과거를 회상하며 기도하네

여호와여 내가 진실과 전심으로 주 앞에 행하며
주의 보시기에 선하게 행한 것을 기억 하옵소서
진실과 전심으로 행하였다 고백하네

선하게 행했다 고백하네
통곡하며 기도하네

히스기야의 눈물 벽을 타고 흐르네
눈물이 강을 이루네
강줄기가 연합 하여 바다를 이루었네
그 눈물 보시고
여호와의 말씀 지체치 않고 달려오네
선지자 이사야에게 다시 임하네

여호와께서
히스기야의 기도 들었다하시네
히스기야의 눈물 보았다고 말씀하시네
죽을 생명 살았다하네
십 오년이나 생명 연장해 주신다하네

죽음에서 생명 보았네
절망에서 희망 보았네
하나님은 생명의 주권자
병을 치료해 주시는 만병의 의사

다니엘과 친구들

이방의 포로 되어 호화호식 누리고
바벨론의 학문과 방언 배워 왕을 섬기네

왕궁의 산해진미 먹으라 하나 먹을 수 없네
우상에게 드려진 제물인지라
그 제물로 하나님의 거룩함 더럽힐 수 없네

환관 장에게 간청 했네
채식과 물을 달라고
그것으로 열흘만 시험하여 보라고

열흘 후 다니엘과 친구들의 얼굴 빛나네
다른 친구들 보다 아름답고도 윤택하네

하나님이 함께 하시니
그 얼굴들이 빛나네
그들의 삶 형통하네

뜻을 정하니 길이 있었네
그 길이 살길이요
그 길이 생명길이라네

예수 그리스도

오시리라 하시던 메시야
베들레헴에 오셨네

낮고 천한 모습으로
만백성 구원하려고 구원자로 오셨네

예수 그리스도
때가 되니 요단강에서 세례를 받으시고
공생애 시작하셨네

메시야의 길 가네
회개하라 전파 하시네
하나님 나라 전파하시네

어두운 세상
빛으로 찾아 오셨네

진리 없는 세상
진리의 말씀으로 오셨네

목자 없이 방황하던 양들에게 참 목자로 오셨네
누구든지 믿는 자 구원받네

주 예수 영접하는 자
하나님의 자녀가 되는 권세얻네
창조자 하나님의 자녀 되는 권세라네

나면서 앉은뱅이를 일으키시고
앞을 보지 못하는 소경 바디매오를 고치시고

무덤에서 슬퍼하시며
죽은 나사로를 부르신 예수 그리스도
당신은 참 메시야
참 구원자

회당 장 야이로의 딸을 살리시고

삼십 팔년 된 병자를 향해 일어나 네 자리를 들고
걸어가라 하신 예수 그리스도
당신은 전능하신 하나님

서기관 바리새인 사두개인 장로 대제사장까지
핍박하고 멸시 했으나 예수 그리스도
당신은 핍박 이기시고 하나님의 뜻 이루셨네

십자가 지시고 골고다 언덕길 오르시던 주 예수 그리스도
당신이 지고 가신 온 세상 죄
너무나 큰 사랑이요 은혜였다오

그 사랑을 입은 우리 속죄 받아 새 생명 얻으니
영광 영광이로다
대통령의 아들 된 것 보다 돈 많은 재벌가 아들 된 것 보다
만유의 주재 하나님의 아들 되어 사니
측량치 못할 은혜로다

그 은혜 힘입어 세상사니 부러울 것 없소
어차피 한 세상 육신으로 왔다 가는 것
주님 품이면 어딘 들 족하오
내 사는 곳 최첨단 시설은 아니어도 내 가진 것

최고는 아니여도
주님 소유했으니 만족이요
세상의 전부를 소유하신 하나님의 아들 되었기 때문이라오

예수 그리스도 당신은 내 삶의 의미
내 삶의 전부 그리고 목적이라오
사나 죽으나 당신의 것이기에
남은 생애 오직 주 예수 당신만 바라보며 살렵니다

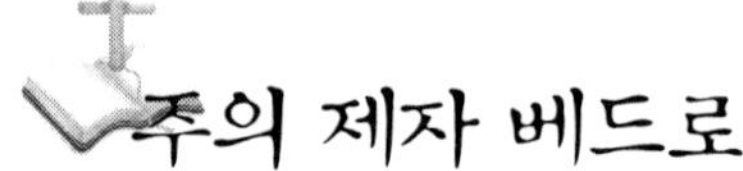

주의 제자 베드로

가릴리의 고기잡이
주님께서 부르시네
사람 낚는 어부 되라 하시네

그물 던지며 고기 잡던 베드로
주저하지 않고 따르네
주의 음성 듣고 따르네

주님이 가시는 곳에 어디든지 따라 가겠다하네
이적과 기적의 현장에 주님과 함께 있었네
주님 먹이시던 그 자리
그 풍성함의 자리에 베드로 있었네

주님 가시는 곳

맹세하며 따라 다녔네
다 주를 버릴 찌라도 베드로는 아니라고 다짐했네

그러나 여전하지 못하네
주님 잡히시고 끌려가시던 날
비자 앞에서 주님 부인했네
주님과 동행하지 않았다 하네
주님을 모른다 하네
세 번씩이나 그렇게 말했다네
주님을 모른다고 맹세하고 저주까지 하네

새벽 녘 닭이 울고
주님 말씀 생각나 통곡을 하네
애통하며 가슴을 치네
눈물로 참회하네

어느날 물고기 잡던 베드로에게
부활의 주님 나타나 물으시네
요한의 아들 시몬아 네가 이 사람들보다
나를 더 사랑 하는냐 물으시네
세 번이나 물으시네

베드로 그렇다 대답했네
내가 주님을 사랑하는 줄 주께서 아신다 하네
내가 주님을 사랑하는 줄 주께서 아신다 하네
근심하며 주님 사랑하는 줄 주께서 아신다 하네

그 때 주님 말씀하셨네
내 어린 양을 먹이라 하시네
내 어린 양을 치라하시네
내 양을 먹이라 하시네

부활하신 주님 앞에서 베드로 변화되었네
주님만 따르는 진실한 제자되었네
일생 다하기까지
사람 낚는 어부되었네

다메섹 도상에서 거꾸러진 사울

예수라는 말만 들어도 적개심 불타오르던 사울
스데반을 죽이는데 증인되었네
스데반이 사람들에 의해 돌팔매 맞아 죽어 가던 날
사울은 쾌재를 불렀다네

예수 믿는 사람 핍박하고 잡아 죽이려고
공문 청하려 다메섹으로 가다가 강력한 빛에
고꾸라지고 말았네
그가 핍박하던 자는
예수 그리스도 생명의 빛이었네
강력한 빛에 사울의 두 눈 앞을 보지 못했네
사울은 음성을 들었네
하늘에서 나는 음성을 들었네

사울아 사울아 네가 어찌하여 나를 핍박 하느냐
주여 뉘시오니이까 나는 네가 핍박하는 예수라
그 때 사울 주님만났네
그토록 증오하며 핍박했던 주님만났네
주님 사울을 만나 주셨네

눈이 먼 사울 아나니아의 기도로 두 눈 보았고
새 사람 되었네
사울의 눈에서 비늘이 떨이지고
사울의 눈에 새로운 세상이 보이네
변화 되었네
변화 되었네
예수님의 은혜로 변화되었네
새 사람 되었네
새 사람 되었네
예수님 사랑으로 새 사람 되었네

사도가 된 바울

사울의 삶 바울로
작은 자로 다시 태어났다
히브리식 본명이 희망을 준다는 사울인데
이제야 이름처럼 되었다

그리스도의 은혜로 다시 태어난 바울
신약 성경의 절반을 기록한 말씀의 사람이라
사도 중의 사도라

내가 성경을 처음 읽던 때
나는 바울이 기록한 하나님의 말씀 앞에
수없이 무릎을 꿇었다
바울에게 있는 그 예리한 문필의 힘 앞에서
수없이 전율해야 했다

하나님 예비해 두신 그 지혜의 말씀
감동으로 감화로 내게 다가와 차곡차곡 안겨
내 마음에 각인 되었다

죽은 자를 살리는 하나님의 말씀
변화된 바울의 입과 머리에서 나오고

나뿐 아니라 수많은 성경독자들
바울이 기록한 하나님 말씀 앞에서 녹아 내렸다

지금도 그 말씀 내 마음 사로잡으니
나는 덤으로 그 은혜의 도가니에 휩쓸려 산다

제5부

새싹의 향연(饗宴)

새싹의 향연(饗宴)

새싹들이 속삭인다
봄이 왔다고

대지는 새싹들의 입김에
녹아내리고

어제는
파릇한 손
올려놓더니

오늘은
팔이며 어깨까지 내밀었다

새싹들의 향연이 온 들녘 뒤 흔드니

농부들이 바빠졌다
남새밭에 밭 갈고 씨 뿌리기 위해서다

푸름의 향연이여
싱그러운 눈부심이여

아직 봄을 준비하지 않은 자의
마음에 심기어
꿈을 가져다주어라

얼어붙은 마음 녹여주고
희망의 노래
내일을 위한 노래

기쁨
소망
만족되어라

튜울립 찬가(讚歌)

내일이면 시집 갈 봄 처녀처럼
수줍게
보드랍게

홍조(紅潮) 띤 꽃 봉우리가 탐스럽다

작은 봉우리 손안에 가득차지만
꽃 치마 태양을 향해 펼치면
누구라도 안아 줄 수 있다

튜울립 속 눈썹이 보인다
누군들 물감 짜서 붓 칠해도
저 속 눈썹 만하랴

검정이며 노란 자태에
내 눈이 흡입되고
나는 꽃술의 행렬(行列)에 빠져있다

키다리 아저씨의 추억

초등학교 시절
새 책 받아들고 몇 번이고
복사꽃 냄새에 젖어든 적이 있다
키다리 아저씨가 나오는 장면에서다

지금은 복사꽃이 필 때
차창 밖으로 펼쳐지는 분홍의 물결이
어릴 적 마음의 파도를 일깨운다

냄새를 맡아 본다
책 속에서 나던 그 냄새에 젖어보고자
어린 시절 있던 분홍의 꿈을 찾아보고자
맡고
또 맡아 본다

풍광은 야속하게도 빨리도
스치며간다

세월의 속도에 밀려
나도 모르게 미끄러져간다
이제 복사꽃이 보이지 않는다

한참을 지나쳐 왔기 때문이다
복사꽃 거리를 따라
많이도 왔다

이제 세월이란 문턱에서
나는 복사꽃의 냄새를 다시 맡는다
키다리 아저씨에 나오는 복사꽃은 아니어도

복사꽃 추억이여
많은 이들에게 꿈을 주었을 새 책의 꽃향기여

지금도 꿈을 찾는 아이들에게
그리고 만족을 찾는 어른들에게
계속해서 뿜어 주기를 소망 한다

이상한 물고기

세 마리 열대어
어찌 그리 사이가 좋은지
형제인가 보다

우리 집 삼형제와 꼭 닮은
귀염둥이 친구들이다

막둥이가 사달라고 조르기에 사 주었지만
이제는
엄마가 날마다 물고기 밥을 주니 진짜 물고기 엄마다

아이들은 제각기
자기이름 물고기에 붙여 부른다

근원 물고기
서원 물고기
해원 물고기

이름도 나란히
행동도 나란히 한다

밥을 주려고 하면
종대로도 줄서고
횡대로도 줄 선다

훈련 잘 받은 병사처럼
군기가 충만하다

사람이 눈에 보이면
힘 다하여 꼬리와 몸통 흔들기를 하여
한바탕 묘기를 선 보인다

앞머리 쪽에서 보면 틀림없는 펭귄
옆에서 보면 배불뚝이 임산부다

하도 이상하게 생겨 이상한 물고기다
하도 뒤뚱거려 펭귄 물고기다

펭귄 물고기는 우리 집 귀염둥이
또 다른 삼형제 이름이다

지금은 사랑하기에 좋은 계절

지금은 사랑하기에 좋은 계절
산새가 지저귀고
들꽃도 노래한다

상춘객을 실은 관광버스가
꼬리를 물고 아스팔트 위를 달린다

어디로 가는 걸까
춤을 추며 달리는 관광버스
관광버스의 뒷모습이 멀어져 간다

지금은 사랑하기에
좋은 계절 때문이리라

청춘들이 밤거리를 누빈다
저마다 사랑을 찾아서 떠난다

지금은 사랑하기에 좋은 계절
그 사랑이
문자와 이메일로 되겠는가

지금은
진솔한 마음과 따뜻한 가슴이 필요한 때
그 무엇보다 책임 있는 자세로 사랑할 때

잊혀 져 가는 사랑을 찾고
회복해야 한다

우리 서로 사랑받고 사랑하기 위해
마음을 열어 주고
마음으로 받아들이자

나의 진솔한 사랑
그 사랑을 너에게 주고 싶다

오늘 너의 사랑의 우체통 비워

내 사랑 받아 주렴

지금은 사랑하기에 좋은 계절
산새도 사랑 때문에 지저귀고
들꽃도 사랑받으려 태어났다

너와나의 사랑 들꽃향기 따라
지금 여기로 오고 있다

목련을 사랑하며

4월 신부의 드레스처럼
너는 수줍고도 어여쁘게 피었다

네 속살이 너무나 희고 고와
내 사랑이 너를 품에 안고 싶다

지금 품지 않으면
비바람에 너의 하얀 옷 버릴까
시샘하는 가랑비에 너의 순결 잃을까
두렵고 떨리는 마음뿐이다

너에게 내 사랑 전달하고자
봄바람에 나의 편지 실어 보낸다

내 사랑이 도착하기 전
잠들지 말고 깨어 있어라
시들지 말고 순백의 자태 간직 하여라

내 사랑이 너를 품에 안으며
달콤한 입맞춤으로
흰백의 사랑으로 꽃피우기까지

이제야 알 것 같습니다 (1)

아빠가 되어보니
내게 어떤 일이 생겼을 때
왜 아빠가 말이 없으셨는지 알 것 같습니다

아빠가 되어보니 내가 잘못했을 때
왜 아빠가 바라만 보고 계셨는지 알 것 같습니다

아빠가 되어보니
왜 많이 참고 인내 하셨는지 알 것 같습니다

아빠가 되어보니
왜 자식에게 참 되고 잘 되라 말씀 하셨는지 알 것 같습니다.

내가 아빠가 되니
나의아빠는 내 옆에 존재하지 않습니다

내가 아빠자리에서
아빠가 하던 똑같은 모습으로
자녀 잘되기를 기다리며 바라봅니다

이제야 알 것 같습니다
하지만 아빠는 지금 옆에 있지 아니 합니다

이제야 알 것 같습니다 (2)

엄마는 나의 말이라면 내가 왕이라도 된 냥
왜 그리도 나의 말을 다 들어 주셨는지
이제야 알 것 같습니다

엄마는 짜증나는 일이 생겨도 왜 그리도
잘 참고 인내 하셨는지
이제야 알 것 같습니다

엄마는 내가 아플 때 자신이 아픈 것 보다
더 아파하신 이유를
이제야 알 것 같습니다

엄마는 왜 내가 밖에서 놀 때 그리도 노심초사 하셨는지

내 자녀가 밖에서 다쳐보니 알 것 같습니다

엄마는 왜 아빠와 부부싸움을 해도
자녀들 앞에서는 안 그런 척 했는지
내가 부부 싸움을 해보니 알 것 같습니다

엄마는 왜 자녀 잘 되기만 바라고
자녀를 소망삼고 살았는지
이제 어른이 되어 가정을 가져보니 알 것 같습니다

이제 어른이 되어
한 가정의 가장으로 어머니의 마음을
조금은 헤아릴 것 같습니다

제6부

오늘을 위한 감사의 기도

훗날 너희들은 알게 될 것이다

아빠가 왜 같은 말을 반복해서 했는지
아들들아 훗날 너희들은 알게 될 것이다

아빠가 왜 어떤 때는 침묵으로 일관 했는지
아들들아 훗날 너희들은 알게 될 것이다

아빠가 왜 화를 낼 때도 있었는지
아들들아 훗날 너희들은 알게 될 것이다

아빠가 왜 성실하게 살라고
최선을 다하라고
무엇보다 인간이 되어야 한다고
예수를 잘 믿어야 한다고 말했는지
아들들아 훗날 너희들은 알게 될 것이다

아빠가 왜 형제들 간에 사이좋게 지내야 한다고 말했는지
아들들아 훗날 너희들은 알게 될 것이다

아빠가 왜 이 사회에서 좋은 일을 많이 하며
덕을 세우며 살아야 한다고 말했는지
아들들아 훗날 너희들은 알게 될 것이다

아들들아
무엇보다 하나님 앞과 사람 앞에서
진정으로 사랑받는 자들이 되기를 바란다

나는 몰랐다

나는 몰랐다
왜 나에게 아내가 곁에 있는지

나는 몰랐다
아내는 무엇을 좋아하며 즐거워하는지

나는 몰랐다
아내가 나의 동반자라는 사실을

나는 몰랐다
아내와 둘이 하나로 합치면 힘이 두 배나 된다는 것을

이제는 안다
아내가 무엇을 좋아하는지

이제는 안다
아내의 행복이 무엇인지

이제는 안다
하나님이 왜 아내를 주셨는지

이제는 안다
무엇보다 아내가 소중하다는 것을

이제는 안다
아내와 함께 동반자로 살아야 한다는 것을

이제는 안다
하나님께서 이 땅에서 주신 사명을
아내와 함께 이루어야 한다는 것을

아내여 사랑한다
아내여 행복하라

이 세상 끝까지 영원히 행복하라
이 세상 끝까지 영원히 행복하라

오늘을 위한 감사의 기도(祈禱)

주님, 오늘 내가 주님이 원하시는 작은 자로 살게 하옵소서
그리하여야 주님의 능력으로 내가 자라날 수 있기 때문입니다

주님, 오늘 내가 받기보다 주는 자로 살게 하옵소서
그리하여야 내가 주님 앞에 서는 날 받을 것이 있기 때문입니다

주님, 오늘 나의 삶이 주님으로 가득 차게 하여 주옵소서
그리하여야 나의 말과 행동이 주님을 닮을 수 있기 때문입니다

주님, 오늘 내가 어지럽고 혼돈한 세상에서 살 때 주님 원하시는 길을 발견하고 그 길 가게 하옵소서

그리하여야 사람들에게 손가락질 당하지 아니하고 하나님을 기쁘시게 할 수 있기 때문입니다

주님, 오늘 세상 정욕과 탐욕이 나를 유혹할 때 그 것을 물리칠 힘을 주님께로 부터 얻게 하옵소서
그리하여야 마귀에게 종노릇 하지 않기 때문입니다

주님, 오늘 하루의 삶이 주님 은혜로 인해 주어졌다는 사실을 알게 하옵소서
그리하여야 온 종일 감사하며 살 수 있기 때문입니다

나 아닌 또 하나의 나

잘 해 보겠다 말하고 잘못하는 것은 무엇인가
사랑하겠다고 말하고 사랑하지 않는 것은 무엇인가
배려하겠다고 하고 시기하고 미워하는 것은 무엇인가
돕겠다고 하고서는 도리어 훼방하는 것은 무엇인가
미워하지 않겠다고 하고 오히려 더 미워하는 것은 무엇인가
할 것 처럼 하고 하지 않는 것은 무엇인가
나 아닌 또 하나의 나 때문이다

지금 안하면 후회 할 것입니다

당신이 부모라면
지금 자녀를 사랑하지 않으면 후회할 것입니다
당신이 남편이라면
지금 아내를 사랑하지 않으면 후회할 것입니다
당신이 아내라면
지금 남편을 사랑하지 않으면 후회할 것입니다
당신이 자녀라면
지금 부모님을 공경하지 않으면 후회할 것입니다
당신에게 형세가 있다면
지금 우애 하지 않으면 후회할 것입니다
당신이 화목하지 못했다면
지금 화목하지 않으면 후회할 것입니다
당신이 사랑하지 못하고 살았다면
지금 사랑하지 않으면 후회할 것입니다

당신이 지금 하나님을 모른다면
지금 알지 않으면 후회할 것입니다

제7부

성화감상

세례요한에게 세례 받으심

간음한 여인과 예수님

마리아의 기도

가시 면류관 쓰신 예수님

세례 요한

복음을 전파하시는 예수님

귀신들려 고통당하는 자

시험받으시는 예수

고향 생각

고풍